어린이 독서·토론·논술 따라잡기는
읽기와 쓰기부터 어휘력·문해력·문장력까지 공부의 기초체력을 키워줍니다.

추천사

어린이 독서·토론·논술 따라잡기가
왜 필요할까요?

2022년 개정교육과정은 "왜?"라는 질문을 중시합니다.

"엄마, 자장면이 먹고 싶어요."

"그래? 그럼 먹으러 가자."

그렇게 말하는 것은 7차 교육과정입니다. 2022년 개정교육과정은 이렇게 말해야 합니다.

"우리 대장이 자장면이 먹고 싶구나. 그런데 볶음밥도 있고 짬뽕도 있고 우동도 있는데 왜 자장면이 먹고 싶지?"

이 물음에 아이가 "그냥 먹고 싶어요."라고 대답했다면 그것 또한 7차 교육과정 스타일입니다.

이제 아이는 "왜?"라는 엄마의 물음에 구체적으로 또박또박 '자장면이 먹고 싶은 이유'를 말해야 합니다. 그것이 2022년 개정교육과정에서 추구하는 것입니다.

결국 공부의 핵심은 근원을 따져 밝히고 자신의 의견을 논리적으로 진술하는 데 있습니다. 그것이 바로 논술이며, 이 훈련은 어렸을 때부터 꾸준히 길러 주어야 합니다.

우리는 아이들에게 동화책을 읽힙니다. 책을 읽은 아이에게 엄마는 이렇게 묻습니다.

"재미있니?"

아이는 대답합니다.

"네."

그걸로 끝입니다.

동화는 우리 아이들에게 꿈과 용기와 올바른 삶의 방식을 가르쳐 줍니다. 그것을 좀더 확실하게 깨우치게 하려면, "재미있니?"라는 질문만으로는 곤란합니다.

"왜 그랬을까?" "만일에 그 때 주인공이 이렇게 했다면 결과는 어떻게 달라졌을까?" "잠깐만, 그 방법밖에 없었을까?"

우리 아이들의 호기심을 자극하고 생각을 확장시킬 수 있는 질문을 던져 준 다음에 조리 있는 답을 말할 수 있도록 유도해야 합니다. 그리고 그것을 글로 쓰면 논술이 되는 것입니다.

그런 의미에서 **'어린이 독서·토론·논술 따라잡기'**를 정성껏 만들었습니다. 단순히 읽는 것에서 그치는 것이 아니라, 내용의 확실한 이해를 바탕으로 생각을 넓혀 갈 수 있도록 꾸몄습니다.

이 책을 잘 활용하면 우리 아이들의 사고력과 탐구력, 그리고 창의성이 무럭무럭 자랄 것입니다. 그것이 공부의 핵심입니다.

문학 박사 서 한 샘

어린이 독서·토론·논술 따라잡기 ④

「개미와 베짱이」 읽고 토론·논술 따라잡기

왜 개미는 일만 하고 베짱이는 노래만 했을까요

주식회사 자유지성사

개미와 베짱이를 어떻게 읽을까요

개미는 무더운 여름에도 쉬지 않고 일만 했어요. 베짱이는 그늘 밑에서 노래하며 놀기만 했고요.

개미들은 놀기만 하는 베짱이들을 보고 걱정을 했고, 베짱이들은 일만 하는 개미들을 오히려 놀렸어요.

허리 한 번 안 펴고 일만 하는 개미들 허리가 가을이 되자 더 가늘어졌어요. 들판에 떨어진 곡식을 부지런히 집으로 옮기느라고요. 그렇지만 베짱이들은 여전히 노래만 불렀지요.

개미들이 열심히 일하는 것이 직업이었다면 베짱이들은 노래하는 것이 직업이었어요.

개미들은 무더운 여름에 베짱이들의 노래를 들으면서 즐겁게 일을 했어요. 그렇지만 베짱이들을 게으름뱅이라고 놀리면서 노래를 공짜로 듣기만 했어요. 그러니까 개미들은 자기 욕심만 채우는 욕심꾸러기였던 셈이지요.

나중에 추위에 떨며 찾아온 베짱이들을 보고 개미들은 다음에도 또 찾아오면 도와 주지 않겠다고 했어요. 그러면 베짱이도 개미들을 위해서 노래를 해 주지 말아야 하겠지요?

- 추천사 2
- 도움말 4
- 왜 개미는 일만 하고 베짱이는 노래만 했을까요 6
- 생각지도 랄랄라 30
- 퀴즈가 으쓱으쓱 32
- 생각이 깡충깡충 34
- 이야기가 술술술•1 36
- 이야기가 술술술•1-그림 그리기 38
- 이야기가 술술술•2 40
- 이야기가 술술술•2-그림 그리기 42
- 마음이 쑥쑥쑥 44

왜 개미는 일만 하고 베짱이는 노래만 했을까요

햇빛이 쨍쨍 내리쬐는 무더운 여름이에요.

"꽃들이 시원한 그늘에서 피었으면 좋겠어. 그럼 힘들이지 않고 쉽게 꿀을 따잖아."

"온몸이 햇볕에 익어버릴 것 같아. 후유, 여름이 언제 끝날까?"

나비와 잠자리가 그늘을 향해 날아가며 투덜거렸어요.

"어서 밤이라도 왔으면 좋겠어. 그럼 저 뜨거운 태양도 사라지고 시원해질 텐데."

거미줄에 매달려 있던 거미도 해를 노려보며 말했어요.

그런데 시냇가 쪽에서 노랫소리가 요란하게 들려왔어요.

"랄랄라, 즐거운 여름 날, 우리는 재미있게 놀면서 여름을 시원하게 보내지요."

"아무리 더워도 놀 때는 덥지 않아요. 랄랄라."

베짱이들이 신나게 음악회를 열고 있었지요. 베짱이들은 모두 건강하고 살이 찐 모습이었어요.

"이제 그만 노래하고 뭐 좀 먹자. 하루 종일 노래만 불렀더니 배가 고프네."

배불뚝이 베짱이가 말했어요.

"시원한 과일을 먹으면 노래를 더 잘할 수 있을 것 같아."

다른 베짱이들도 맞장구를 쳤어요.

잠깐만요!

베짱이들은 놀기를 무척 좋아하네요. 베짱이들은 시원한 시냇가에서 뭐라고 하면서 노래 부르며 놀았나요?

뚱보 베짱이는 커다란 바구니를 들고 과일을 따러 갔어요.

뚱보 베짱이는 잘 익은 참외와 수박, 포도, 복숭아를 따서 바구니에 가득 채웠어요.

"우와, 며칠 사이에 과일이 이렇게 잘 익었구나."

"어서 먹자."

뚱보 베짱이가 과일 바구니를 들고 오자 다른 베짱이들이 모두 달려들었어요.

"과일들이 정말 달구나. 올해는 햇살이 좋아서 색깔도 곱고 맛있게 익었어."

베짱이들은 다시 노래를 부르기 시작했어요. 노래를 부르다 목이 마르면 시원한 과일을 먹었어요.

그렇지만 다른 쪽에서는 영차영차, 부지런히 일하는 소리가 들려왔어요.

개미들이 뜨거운 햇볕 밑에서 땀을 뻘뻘 흘리며 일을 하고 있었어요.

"영차영차, 여름에 열심히 일해야 겨울에 편안하게 지낼 수 있어."

"날씨가 덥다고 놀았다가는 겨울에 굶어 죽을 수도 있어."

베짱이들이 그 모습을 보며 깔깔깔 웃었어요.

"개미들은 날씨가 이렇게 더운데 왜 일만 하지?"

"얼마나 일을 많이 했는지 허리가 부러질 것 같아."

베짱이들은 큰소리로 합창을 했어요.

개미들은 일벌레 🎵 일밖에 모르는 바보들
시원한 그늘 밑에서 🎵 랄랄라 노래 부르면
얼굴도 시원하고 🎵 몸도 시원한데
개미들은 일만 하느라 🎵 허리 한 번 펴질 못하네

노래하며 노는 베짱이들을 보고 개미들이 걱정을 했어요.

"베짱이님들, 곧 가을이 오고 추운 겨울이 올 거예요. 그만 노래하고 겨울 준비를 하세요."

"이 무더운 여름만 지나면 우리도 열심히 일해서 겨울을 준비할 거야. 우리 노래를 들으면서 일을 하면 모두가 즐거워하지."

베짱이들은 다시 노래를 부르기 시작했어요.

해가 서쪽으로 많이 기울고 있었어요.

"영차영차."

잠깐만요!

개미들은 베짱이들이 몹시 걱정스러웠어요. 개미들은 베짱이들에게 뭐라고 타일렀지요?

개미들은 여전히 구슬땀을 흘리며 부지런히 일을 했어요. 앞에서 당기고 뒤에서 밀며 서로 힘을 합쳤지요.

"정말 부지런히 일했다. 이제 집에 가서 편히 쉬고 내일 아침에 다시 일하자."

개미들은 해가 서산으로 꼴깍 넘어가자 일을 멈추었어요.

시원한 밤이 되자 베짱이들은 더 즐겁게 노래하며 놀았어요.

"개미들은 정말 바보야. 달밤이 이렇게 아름다운데 잠이나 자고 있다니."

베짱이들은 벌써 쿨쿨 잠이 든 개미들을 딱하게 여겼어요.

다음 날, 먼동이 밝아오자 개미들은 곧바로 일터로 나갔어요.

하지만 베짱이들은 해가 하늘 한가운데로 떠오를 때까지 일어나지 않았지요.

"게으름뱅이 베짱이님들, 어서 일을 시작하세요. 벌써 날씨가 선선해지고 있다고요."

매미들이 나무 위에서 베짱이들을 불렀지만 베짱이들은 잠꼬대까지 하면서 일어나지 않았어요.

"우리는 어제 너무 늦게까지 노래하면서 놀았단 말이야."

"잠을 푹 자야 노래를 잘 부를 수가 있어."

베짱이들은 날씨가 더우면 덥다고 놀고, 날씨가 시원하면 시원하다고 놀고, 비가 오면 비가 온다고 놀고…….

하루도 쉬지 않고 놀기만 했어요.

잠깐만요!

개미들은 아침 일찍 일터로 나가 일을 했지만 베짱이들은 어떻게 했나요?

 가을이 되자 개미들은 더 바쁘게 움직였어요. 들판에 떨어진 곡식들을 집으로 나르느라 개미들 허리가 더 가늘어졌어요.
 "너희들은 일벌레야. 어떻게 일만 하고 살지? 놀 줄도 알아야 한다고. 일만 하기 위해서 태어나지는 않거든."
 베짱이들은 개미들을 오히려 걱정했어요.

"우리 걱정은 마세요. 추운 겨울이 금방 닥칠 텐데 어쩌려고 노래만 해요?"

개미들도 베짱이들을 걱정했어요.

풍요로웠던 들판이 하루가 다르게 텅 비어 갔어요. 바람도 점점 차가워지기 시작했고요.

갑자기 날씨가 추워지자 베짱이들은 따뜻한 양지를 찾아다녔어요.

"어휴, 갑자기 날씨가 추워지니까 꼼짝도 하기 싫어지네."

"웅크리고 있으면 더 추워져. 우리 한바탕 춤추고 놀자. 그러면 추위도 잊을 수 있어."

베짱이들은 다시 춤을 추고 노래를 신나게 불렀어요.

놀다 보면 일할 생각을 까맣게 잊어버리게 되지요.

드디어 추운 겨울이 닥쳤어요.

울긋불긋 단풍옷을 입고 있던 산과 들도 하얀 눈으로 뒤덮였어요.

냇물도 꽁꽁 얼어붙고 떼를 지어 몰려다니던 물고기들도 깊은 물속으로 사라져 버렸어요.

부지런히 꿀을 따던 벌과 나비도 보이지 않고 잠자리와 거미들도 사라졌어요.

씽씽씽, 차가운 바람이 들판을 가득 채우고 있을 뿐이었어요.

그 추운 들판을 헤매고 다니는 것은 베짱이들밖에 없었어요.

"어휴, 너무 추워. 추워서 노래도 못하겠어."

"나는 노래는 못 불러도 좋으니까 고픈 배 좀 채웠으면 좋겠어."

"며칠 굶었더니 꼼짝도 하기 싫어."

베짱이들은 추위에 시달리며 울상을 지었어요.

"세상이 꽁꽁 얼어붙어서 먹을 것을 한 가지도 찾을 수가 없어."
"이럴 줄 알았으면 봄부터 부지런히 일을 할 걸 그랬어."
베짱이들은 놀기만 한 것을 후회했어요.
베짱이들은 옷깃을 단단히 여미고 먹을 것을 찾아 여기저기 돌아다녔어요.
"여기 먹을 것이 있다!"
꼬마 베짱이가 소리쳤어요.
베짱이들이 우르르 그 쪽으로 달려갔어요.
"배춧잎이구나."
베짱이들은 달려들어 언 배춧잎을 뜯어먹기 시작했어요.
"정말 맛있다."
"배춧잎이 이렇게 맛있는 줄은 정말 몰랐어."
배가 고팠던 베짱이들은 언 배춧잎을 허겁지겁 먹었어요.
그래도 고픈 배는 채워지지 않았어요.

"배가 고파서 죽을 것 같아."
"따뜻한 햇살이라도 쬘 수 있었으면 좋겠어."
베짱이들은 쪼그려 앉아 울먹였어요.
"울고만 있지 말고 먹을 것을 찾아봐야 해."
베짱이들은 다시 기운을 내어 먹을 것을 찾아나섰어요.

잠깐만요!

놀기만 하다가 갑자기 겨울을 맞은 베짱이들은 먹을 것을 찾아다니다가 무엇을 발견했나요?

_____

_____

_____

어느 새 날이 저물었어요. 날씨가 더 차가워졌어요.
"저 집 굴뚝에서 연기가 나요."
꼬마 베짱이가 소리쳤어요.
"그래, 저 집에 가서 먹을 것을 좀 달라고 하자."

베짱이들은 꼬르륵 소리가 나는 배를 움켜쥐고 그 집으로 갔어요.
"와, 난롯불이 활활 타고 있어."
"식탁 좀 봐. 맛있는 음식이 가득 있어."
"아마 세상에서 제일 맛있는 음식일 거야."

베짱이들은 차려진 음식을 보며 군침을 삼켰어요.

하하하, 호호호, 집 안에서 웃음소리가 흘러나왔어요.

"웃음소리도 정말 부럽다. 꼭 노랫소리 같아."

베짱이들은 더 바짝 집 안을 들여다보았어요. 그러다 깜짝 놀랐어요. 바로 개미집이었거든요.

"여기가 개미네였구나."

"우와, 저 많은 곡식들 좀 봐. 겨울 내내 먹고도 남겠다."

"우리도 부지런히 일했으면 곡식을 많이 쌓아 뒀을 텐데……."

베짱이들은 가득 쌓인 곡식과 따뜻한 난롯불이 너무 부러웠어요.

"개미님, 개미님……."

베짱이들은 힘없는 소리로 개미를 불렀어요.

"어머나, 베짱이님들 아닙니까?"

문을 연 할머니 개미가 놀란 표정으로 베짱이들을 보았어요.

여름 내내 활기차고 건강하던 모습은 사라지고 몹시 마른 모습들이었거든요.

"웬일이세요, 베짱이님들?"

"실은 너무 배가 고파서요."

"며칠 동안 아무것도 못 먹었답니다."

"제발 먹을 것을 좀 주세요. 너무 배가 고파서 죽을 것 같아요."

베짱이들은 부끄러운 줄도 모르고 사정을 했어요.

"쯧쯧, 놀기만 하더니 정말 거지가 됐구나."

할머니 개미가 혀를 끌끌 차면서 문을 활짝 열어 주었어요.

그러자 아빠 개미와 엄마 개미가 막아섰어요.

"우리가 뙤약볕 아래에서 일을 하는 동안 베짱이들은 그늘 밑에서 노래하고 춤만 추면서 놀았어요."

"우리도 놀고 싶었지만 겨울을 따뜻하게 지내기 위해서 허리 한 번 안 펴고 일만 했어요."

"베짱이들도 반성을 해야 해요. 그래야 다시 봄이 오면 열심히 일을 할 거예요."

엄마 개미와 아빠 개미는 베짱이들을 차갑게 대했어요.

"제발 한 번만 봐 주세요. 우리도 내년부터는 부지런히 일해서 많은 곡식을 쌓아 놓도록 하겠습니다."

"먹을 것이 안 된다면 꽁꽁 언 손과 발을 녹일 수 있게 따뜻한 난로를 쬐게 해 주세요."

베짱이들은 고개를 푹 숙이고 말했어요.

"그래서 놀지만 말고 추운 겨울을 따뜻하게 보낼 수 있도록 미리 준비를 하라고 했지요?"

할머니 개미는 부드러운 말로 타일렀어요. 베짱이들은 부끄러워서 고개를 들지 못했어요.

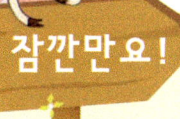

잠깐만요!

베짱이들이 몸이라도 녹일 수 있게 해 달라고 하자 할머니 개미가 뭐라고 했지요?

"내년에는 봄부터 가을까지 부지런히 일을 하겠습니다."
베짱이들은 풀 죽은 목소리로 말했어요.
"정말 약속하시죠?"
그 때에서야 아빠 개미가 환하게 웃으며 물었어요.

"봄부터 열심히 일하겠다고 했으니 됐어요. 어서 들어와서 따뜻한 난롯불에 몸을 녹이세요. 그러는 동안 맛있는 음식을 준비할 테니까요."

엄마 개미도 환하게 웃어 주었어요.

"정말 고맙습니다. 고맙습니다!"

베짱이들은 허리가 땅에 닿도록 절을 했어요.

"고맙긴. 이웃끼리 서로 돕고 살아야지요. 그렇지만 내년에도 우리 집에 찾아오면 그 땐 정말 내쫓을 거예요."

할머니 개미는 베짱이들을 따뜻하게 다독여 주었어요.

잠깐만요!

베짱이들이 다음부터는 열심히 일하겠다고 하자 아빠 개미와 엄마 개미가 어떻게 했나요?

'개미와 베짱이'를 읽고 떠오르는 생각을
재미있게 생각지도로 그려 보도록 해요.

퀴즈가 으쓱으쓱

- 베짱이들은 어떻게 하면서 여름을 지냈나요?

- 개미들은 아침부터 저녁까지 어떻게 했나요?

- 개미들이 베짱이들에게 곧 추운 겨울이 온다고 하면서 겨울 준비를 하라고 하자 베짱이들이 뭐라고 했나요?

얼마나 책을 꼼꼼하게 읽었을까요? 이야기를 해 보세요.

● 추운 겨울이 오자 베짱이들은 어떻게 됐나요?

● 개미 가족은 집으로 찾아온 베짱이들에게 어떤 약속을 받아냈지요?

생각이 깡충깡충

재미있게 생각을 바꿔 보아요. 바꾼 생각을 이야기해 보세요.

개미들이 베짱이들에게 노래와 춤을 배우기로 했어요. 일만 하는 것보다 노래도 하고 춤도 추면서 즐겁게 일을 하는 것이 더 낫다고 생각했거든요. 개미들은 이제 어떻게 지낼까요?

베짱이가 다른 친구들에게 "나는 가수니까 너희들은 내가 노래만 부르고 살 수 있도록 도와 줘야 해. 그러면 나는 너희들에게 더 좋은 노래를 들려줄 수 있도록 노력할게." 하고 말했지요. 친구들이 뭐라고 했을까요?

베짱이는 다른 친구들이 노래만 하지 말고 일 좀 하라고 말할 때마다 아주 괴로웠어요. 왜냐하면 베짱이가 가장 잘할 줄 아는 일이 노래 부르기였거든요. 베짱이는 다른 친구들에게 뭐라고 말할 것 같은가요?

베짱이가 유명한 가수가 되었어요. 그런데 어느 날 개미가 찾아왔어요.
"너무 일을 많이 해서 병이 났어요."
그 말을 듣고 베짱이가 어떻게 했을 것 같은가요?

다시 무더운 여름이 되었어요. 그런데 베짱이가 노래를 하지 않았어요. 노래도 않고 일만 했어요. 개미와 다른 친구들이 뭐라고 했을까요?

이야기가 술술술 ①

새롭게 꾸며진 이야기입니다. 소리내어 읽어 볼까요?
그리고 끝 내용에 맞추어 다음 이야기를 상상해 보고
친구들에게 들려주세요.

베짱이들은 겨울 동안 개미집에서 지냈어요. 다행히 개미집에는 먹을 것이 많았기 때문에 베짱이 가족도 배불리 먹을 수 있었지요.

베짱이들은 개미들에게 고마움을 표시하고 싶었어요. 그렇지만 아무리 생각해도 좋은 생각이 떠오르지 않았어요.

"우리가 개미들에게 노래를 가르쳐 주면 좋아할 거야."

아빠 베짱이가 말했어요.

"그게 좋겠어. 그럼 나는 춤을 가르쳐 줄게요."

엄마 베짱이도 찬성을 했어요.

그 말을 듣고 개미들은 깜짝 놀랐어요.

"아니, 우리더러 노래와 춤을 배우라고요? 우리는 베짱이님들처럼 노래하고 춤추며 노는 것을 별로 안 좋아해요."

아빠 개미가 거절했어요.

"베짱이님들이 노래하고 춤만 추면서 노느라 겨울 준비도 못하는 것을 봤는데 우리도 그렇게 될까 봐 정말 걱정이 되어서 싫어요."

엄마 개미도 고개를 저었어요.

"그렇지 않아요. 노래하고 춤을 추면서도 즐겁게 일을 할 수 있다고요."

아기 베짱이가 나서서 말했어요.

이야기가 술술술 ❶ - 그림 그리기

숲 속에 사는 곤충 친구들이에요. 예쁘게 색칠해 볼까요?

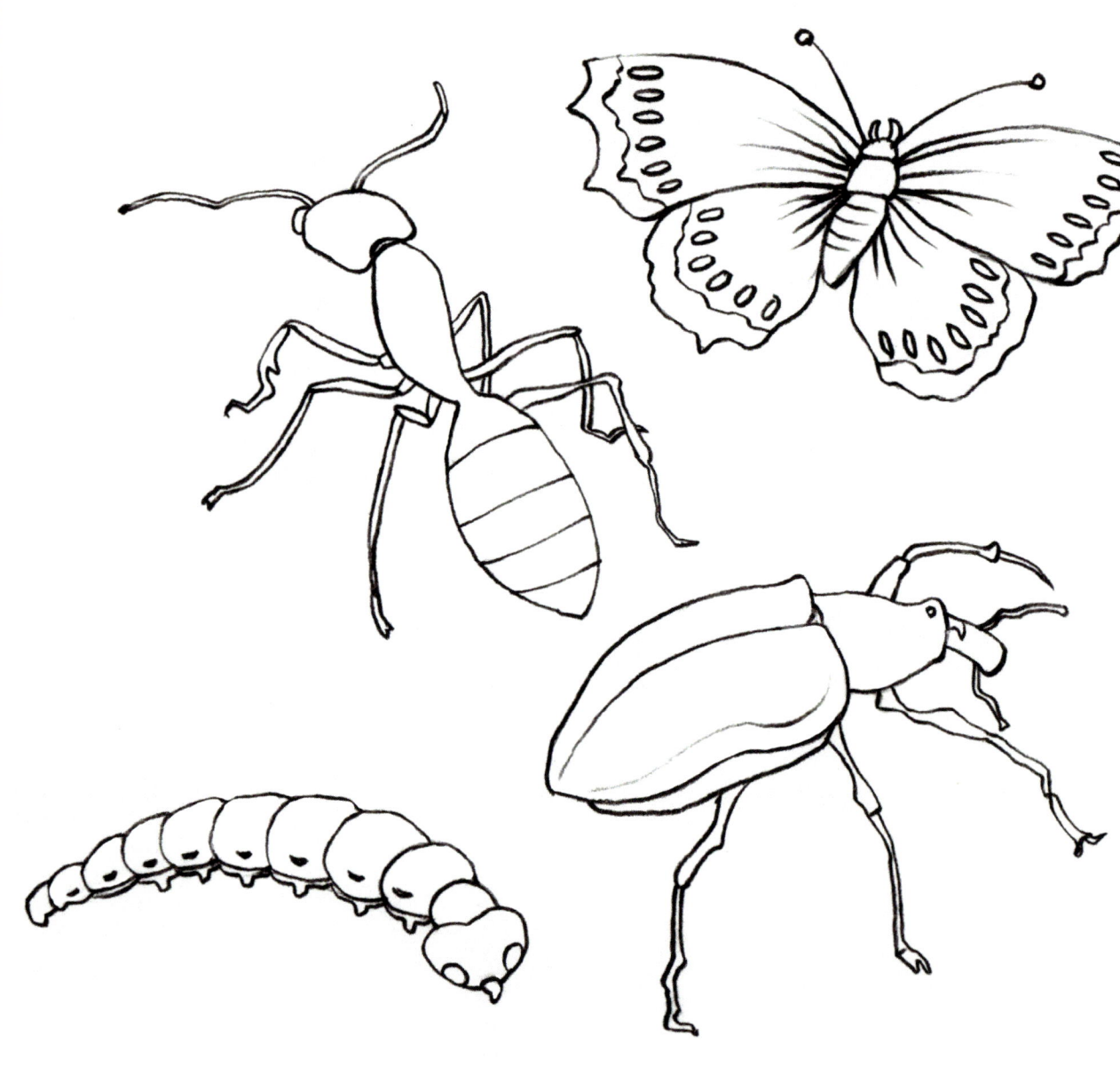

내가 좋아하는 곤충은 무엇이지요?
그리고 왜 좋아하나요?

이야기가 술술술 ❷

새롭게 꾸며진 이야기입니다. 소리내어 읽어 볼까요? 그리고 끝 내용에 맞추어 다음 이야기를 상상해 보고 친구들에게 들려주세요.

    베짱이가 노래를 잘한다는 소문이 퍼졌어요. 사방에서 베짱이 노래를 듣기 위해 많은 친구들이 몰려들었어요.
    "베짱이님, 어서 노래를 들려주세요. 우리는 베짱이님 노래를 듣기 위해 산을 세 개나 넘어왔답니다."
    노루가 말했어요.
    "베짱이님 노래를 들으면 저절로 어깨춤이 나와요. 저도 노래를 잘해서 친구들에게 자랑하고 싶어요."
    벌과 나비가 말했어요.

"여러분을 위해서 노래를 불러 드리고 싶어요. 그렇지만 저는 하루 종일 노래만 하느라 오늘 해야 할 일을 한 가지도 못했답니다. 그러니까 다음에 다시 찾아오도록 하세요."

베짱이는 노래를 할 수가 없다고 했어요.

"우리도 할 일이 많은데 이렇게 먼 길을 찾아왔어요. 제발 우리를 위해 노래를 불러 주세요."

"부탁이에요!"

찾아온 친구들은 베짱이를 졸라댔어요.

이야기가 술술술 ❷ - 그림 그리기

숲 속에 꽃이 활짝 피었어요. 예쁘게 색칠해 볼까요?

나는 무슨 꽃을 좋아하나요?
그리고 왜 좋아하지요?

마음이 쑥쑥쑥

동화 속에 나오는 주인공들을 칭찬해 볼까요?
칭찬을 들으면 모두들 좋아할 거예요.
그리고 타일러 주기도 해 보세요. 아마 더 잘하려고 노력할 거예요.

개미에게 어떤 칭찬을 들려주면 좋아할까요?

개미야! 너는 정말 착해.

왜냐하면 _____
_____

개미를 어떤 말로 타일러 줄까요?

개미야! 너는 이런 점만 고치면 정말 좋을 거야.

뭐냐면 _____
_____

베짱이에게 어떤 칭찬을 들려주면 좋아할까요?

베짱이 너는 정말 착해.

왜냐하면 _____
_____

베짱이를 어떤 말로 타일러 줄까요?

베짱이 너는 이런 점만 고쳤으면 좋았을 거야.

뭐냐면 _____
_____

할머니 개미는 어떤 칭찬을 들려주면 좋아할까요?

할머니 개미는 참 훌륭하세요.

왜냐하면 _____
_____

할머니 개미를 어떤 말로 타일러 줄까요?

할머니 개미는 이런 점만 고쳤으면 좋겠어요.

뭐냐면 _____
_____

<권장도서>

■ 읽기와 쓰기부터
  어휘력·문해력·문장력까지 공부의 기초체력을 키워줍니다.

▶ 어린이 문장강화 (검색하십시오)
....

① 일기 잘쓰는 법
② 생활문 잘쓰는 법
③ 논설문 잘쓰는 법
④ 설명문 잘쓰는 법
⑤ 독서감상문 잘쓰는 법
⑥ 관찰기록문 잘쓰는 법
⑦ 웅변연설문 잘쓰는 법
⑧ 기행문 잘쓰는 법
⑨ 편지글 잘쓰는 법
⑩ 동시 잘쓰는 법
⑪ 희곡 잘쓰는 법
⑫ 동화 잘쓰는 법
⑬ 원고지 사용법

※ 사가독서(賜暇讀書)란 세종대왕 때 집현전 젊은 학자들에게
  휴가를 주어 독서에 전념하게 하는 제도입니다.

▶어떻게 가르칠까요?

「개미와 베짱이」읽고 토론·논술 따라잡기

왜 개미는 일만 하고 베짱이는 노래만 했을까요

잠깐만요!

9 페이지
베짱이들은 놀기를 무척 좋아하네요. 베짱이들은 시원한 시냇가에서 뭐라고 하면서 노래 부르며 놀았나요?

🍅 **선생님 코너**

답 재미있게 놀면서 여름을 보내고 아무리 더워도 놀 때는 덥지 않다고 했어요.

답 개미들의 직업이 일하는 것이라면 베짱이들의 직업은 노래하는 가수가 아니었을까요?

설명 내가 하는 일이 중요한 만큼 남이 하는 일도 중요하다는 것을 일깨워 줍니다.

질문 나는 나중에 무슨 일을 하면서 살고 싶은가를 발표하게 합니다.

잠깐만요!

13 페이지
개미들은 베짱이들이 몹시 걱정스러웠어요. 개미들은 베짱이들에게 뭐라고 타일렀지요?

🍅 **선생님 코너**

답 곧 가을이 오고 추운 겨울이 올 테니까 놀지만 말고 겨울 준비를 하라고 했어요.

답 그런데 개미들은 베짱이들의 노랫소리를 들으며 일을 했기 때문에 즐겁게 일을 할 수 있었다는 것을 왜 모를까요?

설명 음식은 몸을 살찌우지만 음악은 마음을 살찌우게 한다는 것을 일깨워 줍니다.

질문 노래를 들으면 어떤 느낌이 들고, 어떤 노래를 잘 부를 수 있는가를 발표하게 합니다.

15 페이지
개미들은 아침 일찍 일터로 나가 일을 했지만 베짱이들은 어떻게 했나요?

🍅 **선생님 코너**

답 시원한 달밤에 놀면 더 재미있다면서 늦게까지 놀다 잠이 들었기 때문에 아침에도 늦잠을 잤어요.

답 개미들처럼 놀 줄도 모르고 일만 하는 것보다 놀 때는 즐겁게 놀고 여행도 다니면서 일을 해야 행복하지 않을까요?

설명 베짱이들처럼 놀기만 하면서 사는 것도 나쁘지만 개미들처럼 허리 한 번 안 펴고 일만 하며 사는 것도 행복한 것이 아니라는 것을 일깨워 줍니다.

질문 내가 친구들 앞에서 가장 잘할 수 있는 것이 무엇인가 발표하게 합니다.

21 페이지
놀기만 하다가 갑자기 겨울을 맞은 베짱이들은 먹을 것을 찾아다니다가 무엇을 발견했나요?

🍅 **선생님 코너**

답 언 배춧잎을 발견하고 서로 달려들어 뜯어먹었어요.

답 그런데 숲 속 친구들은 여름내내 베짱이들 노래를 공짜로 들었으니까 추위에 떨고 있는 베짱이들에게 도움을 줘야 하지 않을까요?

설명 준비성이 없으면 나중에 고생을 많이 하게 되고, 남에게 신세를 져야 한다는 것을 일깨워 줍니다.

질문 나는 준비를 미리미리 잘 하는지 못 하는지 발표하게 합니다.

27 페이지
베짱이들이 몸이라도 녹일 수 있게 해 달라고 하자 할머니 개미가 뭐라고 했지요?

🍅 선생님 코너

답 다음부터는 놀지만 말고 추운 겨울을 따뜻하게 보낼 수 있도록 미리 준비하라고 했어요.

답 그런데 다른 친구들이 개미들에게 일만 하는 일벌레라고 놀린다면 뭐라고 할까요?

설명 무슨 일이 있을 때 내 생각만 옳다고 우기는 것보다 남의 생각도 옳을 수 있다는 것을 먼저 생각할 줄 알아야 한다고 일깨워 줍니다.

질문 친구와 내 의견이 다르면 어떻게 하는가를 발표하게 합니다.

29 페이지
베짱이들이 다음부터는 열심히 일하겠다고 하자 아빠 개미와 엄마 개미가 어떻게 했나요?

🍅 선생님 코너

답 베짱이들이 따뜻한 난롯불에 몸을 녹이고 있는 동안 맛있는 음식을 준비하겠다고 했어요.

답 개미 가족들은 베짱이들에게 공짜로 밥을 먹여 주는 것은 중요하게 생각하면서 베짱이들 노래를 공짜로 들은 것은 중요하게 여기지 않는 욕심꾸러기 같지요?

설명 아무리 작은 일이라도 누군가에게 도움을 받았으면 감사하는 마음을 잊지 말아야 한다는 것을 일깨워 줍니다.

질문 만약 무더운 여름날에 베짱이들 노랫소리를 들을 수 없다면 개미들은 어떻게 될 것 같은가를 발표하게 합니다.

메모

30 페이지
생각지도 랄랄라

'개미와 베짱이'를 읽고 떠오르는 생각을 재미있게 생각지도로 그려 보도록 해요.

 선생님 코너

내용을 떠오르는 대로 그림으로 그려 보도록 합니다. 떠올린 내용을 자유스럽게 그림으로 그리다 보면 전체적인 내용이 한 번 더 머릿속에 새겨질 것입니다.

32 페이지
퀴즈가 으쓱으쓱

얼마나 책을 꼼꼼하게 읽었을까요? 이야기해 볼까요?

1) 베짱이들은 어떻게 하면서 여름을 지냈나요?

 선생님 코너

답 날씨가 너무 덥다면서 시원한 시냇가에서 노래하고 춤추며 즐겁게 놀았어요.
설명 베짱이들이 숲 속 친구들에게 자신들의 직업은 노래하는 가수라는 것을 정확하게 밝히고 가수라는 직업을 자랑스럽게 여겼어야 한다는 것을 일깨워 줍니다.

질문 만약 내가 베짱이였다면 친구들에게 노래를 들려주는 대신에 어떤 것을 바랐을까를 발표하게 합니다.

2) 개미들은 아침부터 저녁까지 어떻게 했나요?

 선생님 코너

답 하루도 쉬지 않고 아침부터 저녁까지 일을 하느라 허리가 더 가늘어졌어요.
설명 놀 줄 모르고 일만 하는 것은 옳지 않다는 것과 즐겁게 놀면서 일을 하는 것이 훨씬 행복하다는 것을 일깨워 줍니다.

질문 우리 부모님이 일만 하고 나하고 놀아 주지 않으면 어떨 것 같은가를 발표하게 합니다.

3) 개미들이 베짱이들에게 곧 추운 겨울이 온다고 하면서 겨울 준비를 하라고 하자 베짱이들이 뭐라고 했나요?

🍅 선생님 코너

답 무더운 여름만 지나면 열심히 일할 거라면서 다른 숲 속 친구들도 베짱이들의 노랫소리를 들으며 즐겁게 일을 하고 있다고 했어요.

설명 개미들이 일만 하지 말고 놀기도 하면서 일을 했다면 더 좋았을 것이고, 베짱이들도 노래만 하지 말고 일도 했다면 추운 겨울에 고생을 덜 했을 거라고 설명해 줍니다.

질문 개미나 베짱이보다 더 재미있고 행복하게 살려면 어떻게 사는 것이 좋을까를 발표하게 합니다.

4) 추운 겨울이 오자 베짱이들은 어떻게 됐나요?

🍅 선생님 코너

답 배고픔과 추위에 떨면서 여기저기 돌아다녔어요.

설명 베짱이 노랫소리를 들으며 즐겁게 일을 했던 숲 속의 다른 친구들이 베짱이에게 도움을 줘야 한다는 것을 일깨워 줍니다.

질문 내가 숲 속 친구들에게 베짱이를 도와 주라고 해야 한다면 어떻게 도와 주라고 말할까를 발표하게 합니다.

5) 개미 가족은 집으로 찾아온 베짱이들에게 어떤 약속을 받아냈지요?

🍅 선생님 코너

답 개미들은 베짱이들에게 다음부터는 게으름도 안 피우고 열심히 일하겠다는 약속을 받아 내고 집 안으로 들어오게 했어요.

설명 누구나 힘들 때 좋아하는 음악이나 노래를 들으면 기분이 훨씬 좋아지는 것처럼 개미들도 베짱이들의 노랫소리를 듣지 못했다면 무더운 여름에 일하기 힘들었다는 것을 일깨워 줍니다.

질문 다시 여름이 돌아왔을 때 베짱이들은 어떻게 하고 있을까를 발표하게 합니다.

34 페이지
생각이 깡충깡충

재미있게 생각을 바꿔 보아요. 바꾼 생각을 이야기해 보세요.

1) 개미들이 베짱이들에게 노래와 춤을 배우기로 했어요. 일만 하는 것보다 노래도 하고 춤도 추면서 즐겁게 일을 하는 것이 더 낫다고 생각했거든요. 개미들은 이제 어떻게 지낼까요?

> 🍅 선생님 코너
>
> **답** 아침에 일어나면 음악에 맞춰 즐겁게 노래도 하고 춤을 추면서 일터로 나갈 거예요.
> **답** 일만 하는 친구들이 있으면 베짱이를 찾아가서 노래와 춤을 배워 보라고 말해 줄 거예요.
> **답** 너무 더우면 그늘에 모여 손뼉을 치면서 노래와 춤을 추다가 날씨가 선선해지면 부지런히 일을 할 거예요.

2) 베짱이가 다른 친구들에게 "나는 가수니까 너희들은 내가 노래만 부르고 살 수 있도록 도와 줘야 해. 그러면 나는 너희들에게 더 좋은 노래를 들려줄 수 있도록 노력할게." 하고 말했지요. 친구들이 뭐라고 했을까요?

> 🍅 선생님 코너
>
> **답** "좋아. 우리들에게 노래를 들려주면 너희가 겨울에 먹고 살 수 있도록 집과 곡식을 마련해 줄게."
> **답** "좋아. 우리들이 베짱이 너희들이 노래를 잘해서 돈을 벌 수 있도록 도와 줄게. 텔레비전에도 나갈 수 있도록 밀어 줄게."
> **답** "너는 그 동안 우리 앞에서 노래 실력을 아주 많이 쌓았으니까 세계에서 제일 노래를 잘하는 가수가 될 수 있을 거야."

3) 베짱이는 다른 친구들이 노래만 하지 말고 일 좀 하라고 말할 때마다 아주 괴로웠어요. 왜냐하면 베짱이가 가장 잘할 줄 아는 일이 노래 부르기였거든요. 베짱이는 다른 친구들에게 뭐라고 말할 것 같은가요?

🍅 선생님 코너

- 답 "벌하고 나비 너희들은 어떤 꽃에 맛있는 꿀이 있는지 잘 알고 있지? 개미 너희들은 부지런히 일하는 것이 가장 즐겁지? 우리도 노래하는 것이 가장 즐거운 일이야."
- 답 "우리가 노래를 들려주지 않는다면 너희들은 즐거운 마음으로 일을 못할 거야. 왜냐하면 누구나 일만 하고 살 수는 없거든."
- 답 "노래를 들으면 마음이 즐거워져. 노래를 하는 사람만 즐거운 것이 아니라 노래를 듣는 사람도 기분이 좋아져. 나는 가수니까 노래를 열심히 불러야 해."

4) 다시 무더운 여름이 되었어요. 그런데 베짱이가 노래를 하지 않았어요. 노래도 않고 일만 했어요. 개미와 다른 친구들이 뭐라고 했을까요?

🍅 선생님 코너

- 답 "베짱이들이 노래도 안 하고 일만 하니까 심심해. 베짱이들 노래를 들으면 힘도 안 들고 기분이 좋아지는데."
- 답 "우리가 조금 심심하기는 해도 베짱이들이 자기 힘으로 겨울 준비를 하니까 다행이야."
- 답 "우리가 너무 심했나 봐. 우리가 베짱이를 찾아가서 하루에 한 번씩이라도 노래를 들려달라고 부탁해 볼까?"

5) 베짱이가 유명한 가수가 되었어요. 그런데 어느 날 개미가 찾아왔어요. "너무 일을 많이 해서 병이 났어요." 그 말을 듣고 베짱이가 어떻게 했을 것 같은가요?

🍅 선생님 코너

- 답 "일만 하지 말고 놀기도 하면서 일을 했다면 병이 나지 않았을 거예요. 이제부터는 놀기도 하면서 일을 하세요."
- 답 "그 때 집으로 찾아간 우리를 도와 주지 않았다면 겨울을 무사히 못 보냈을 거예요. 이제부터는 우리가 개미님들의 은혜를 갚을 테니까 마음 편하게 지내세요."
- 답 "병이 다 나을 때까지 우리 집에서 지내세요."

36 페이지
이야기가 술술술 · 1

새롭게 꾸며진 이야기입니다. 소리내어 읽어 볼까요? 그리고 끝 내용에 맞추어 다음 이야기를 상상해 보고 친구들에게 들려주세요.

베짱이들은 겨울 동안 개미집에서 지냈어요. 다행히 개미집에는 먹을 것이 많았기 때문에 베짱이 가족도 배불리 먹을 수 있었지요.

베짱이들은 개미들에게 고마움을 표시하고 싶었어요. 그렇지만 아무리 생각해도 좋은 생각이 떠오르지 않았어요.

"우리가 개미들에게 노래를 가르쳐 주면 좋아할 거야."

아빠 베짱이가 말했어요.

"그게 좋겠어. 그럼 나는 춤을 가르쳐 줄게요."

엄마 베짱이도 찬성을 했어요.

그 말을 듣고 개미들은 깜짝 놀랐어요.

"아니, 우리더러 노래와 춤을 배우라고요? 우리는 베짱이님들처럼 노래하고 춤추며 노는 것을 별로 안 좋아해요."

아빠 개미가 거절했어요.

"베짱이님들이 노래하고 춤만 추면서 노느라 겨울 준비도 못하는 것을 봤는데 우리도 그렇게 될까 봐 정말 걱정이 되어서 싫어요."

엄마 개미도 고개를 저었어요.

"그렇지 않아요. 노래하고 춤을 추면서도 즐겁게 일을 할 수 있다고요."

아기 베짱이가 나서서 말했어요.

선생님 코너

어린이들이 자유롭게 상상하여 이야기를 하게 합니다. 조리 있게 이야기하는 실력을 향상시킬 수 있습니다.

38 · 39 페이지
이야기가 술술술 · 1 - 그림 그리기

- 숲 속에 사는 곤충 친구들이에요. 예쁘게 색칠해 볼까요?
- 내가 좋아하는 곤충은 무엇이지요? 그리고 왜 좋아하나요?

40 페이지
이야기가 술술술 · 2

새롭게 꾸며진 이야기입니다. 소리내어 읽어 볼까요? 그리고 끝 내용에 맞추어 다음 이야기를 상상해 보고 친구들에게 들려주세요.

베짱이가 노래를 잘한다는 소문이 퍼졌어요. 사방에서 베짱이 노래를 듣기 위해 많은 친구들이 몰려들었어요.

"베짱이님, 어서 노래를 들려주세요. 우리는 베짱이님 노래를 듣기 위해 산을 세 개나 넘어 왔답니다."

노루가 말했어요.

"베짱이님 노래를 들으면 저절로 어깨춤이 나와요. 저도 노래를 잘해서 친구들에게 자랑하고 싶어요."

벌과 나비가 말했어요.

"여러분을 위해서 노래를 불러 드리고 싶어요. 그렇지만 저는 하루 종일 노래만 하느라 오늘 해야 할 일을 한 가지도 못했답니다. 그러니까 다음에 다시 찾아오도록 하세요."

베짱이는 노래를 할 수가 없다고 했어요.

"우리도 할 일이 많은데 이렇게 먼 길을 찾아왔어요. 제발 우리를 위해 노래를 불러 주세요."

"부탁이에요!"

찾아온 친구들은 베짱이를 졸라댔어요.

 선생님 코너

어린이들이 자유롭게 상상하여 이야기를 하게 합니다. 조리 있게 이야기하는 실력을 향상시킬 수 있습니다.

42 · 43 페이지
이야기가 술술술 · 2 - 그림 그리기

- 숲 속에 꽃이 활짝 피었어요. 예쁘게 색칠해 볼까요?
- 나는 무슨 꽃을 좋아하나요? 그리고 왜 좋아하지요?

 44 페이지

마음이 쑥쑥쑥

동화 속에 나오는 주인공들을 칭찬해 볼까요? 칭찬을 들으면 모두들 좋아할 거예요.
그리고 타일러 주기도 해 보세요. 아마 더 잘하려고 노력할 거예요.

개미에게 어떤 칭찬을 들려주면 좋아할까요?
개미야! 너는 정말 착해.
왜냐하면 _____

🍅 선생님 코너

답 너는 정말 부지런하잖아. 우리 나라 사람들이 너처럼 모두 부지런하다면 세계에서 제일 잘 사는 나라가 될 거야.

답 너희들은 아침부터 저녁까지 쉬지 않고 일해서 겨울 동안 먹을 양식을 마련했는데 게으름을 피우느라 겨울 준비도 하지 않은 베짱이들을 따뜻하게 돌봐 주었어.

개미를 어떤 말로 타일러 줄까요?
개미야! 너는 이런 점만 고치면 정말 좋을 거야.
뭐냐면 _____

🍅 선생님 코너

답 일만 하지 말고 가끔 쉬기도 하면서 일을 했다면 허리가 그렇게 가늘어지지 않았을 거야.

답 일만 하면 네 아이들이 싫어할 것 같아. 아이들은 놀이 공원이나 바다 같은 곳에도 놀러 가고 싶어하거든.

베짱이에게 어떤 칭찬을 들려주면 좋아할까요?
베짱이 너는 정말 착해.
왜냐하면 _____

🍅 선생님 코너

답 너는 노래 실력이 정말 대단해. 어떻게 하루 종일 노래를 부를 수 있지?

답 다른 친구들이 네 노래를 들으면서 일을 했기 때문에 무더운 여름에도 힘들지 않았던 거야.

베짱이를 어떤 말로 타일러 줄까요?

베짱이 너는 이런 점만 고쳤으면 좋았을 거야.

뭐냐면 _____

 선생님 코너

답 매일 노래만 부르지 말고 일도 하고 지냈으면 추운 겨울을 따뜻하게 보낼 수 있었을 거야.

답 개미들이 일 좀 하라고 했을 때 그 말을 들었다면 개미들 신세도 지지 않았을 거야.

할머니 개미는 어떤 칭찬을 들려주면 좋아할까요?

할머니 개미는 참 훌륭하세요,

왜냐하면 _____

 선생님 코너

답 베짱이들이 배고프고 춥다면서 집을 찾아왔을 때 불쌍하다면서 도와 주었잖아요.

답 베짱이들에게 다음에는 놀지만 말고 추운 겨울을 따뜻하게 보낼 수 있도록 미리 준비하라고 다정하게 타일러 줬어요.

할머니 개미를 어떤 말로 타일러 줄까요?

할머니 개미는 이런 점만 고쳤으면 좋겠어요.

뭐냐면 _____

 선생님 코너

답 베짱이들에게 다음부터는 공짜로 노래를 부르지 말고 노래를 불러 주는 대가로 돈을 받아서 저축을 하라고 말했어야 해요.

답 일만 하는 개미들에게 놀기도 하면서 즐겁게 살라고 말했어야 해요.

「개미와 베짱이」 읽고 토론·논술 따라잡기
왜 개미는 일만 하고 베짱이는 노래만 했을까요

초판 인쇄일 : 2022년 2월 4일
초판 발행일 : 2022년 2월 8일

기획·편집 : 어린이선비교실팀
발행인 : 김종윤
펴낸곳 : 주식회사 자유지성사
등록번호 : 제 2-1173호
등록일자 : 1991년 5월 18일

서울특별시 송파구 위례성대로 8길 58, 202호
전화 : 02) 333- 9535 / 팩스 : 02) 6280- 9535
E-mail : fibook@naver.com
ISBN : 978-89-7997-374-7 (73800)

어린이선비교실은 자유지성사 편집부 이름입니다.
출판사의 허락없이 무단전재나 복제를 할 수 없습니다.
파본은 구입하신 서점에서 교환하여 드립니다.